乐在心 成于性

——AH–HA探究之旅

胡亚敏 罗 建 ◎主编

东北师范大学出版社

长 春

图书在版编目（CIP）数据

乐在心　成于性：AH-HA探究之旅 / 胡亚敏，罗建
主编. — 长春：东北师范大学出版社，2021.5
　ISBN 978-7-5681-7535-7

Ⅰ.①乐… Ⅱ.①胡… ②罗… Ⅲ.①学前教育－文
集 Ⅳ.①G61-53

中国版本图书馆CIP数据核字（2021）第084635号

□责任编辑：石　斌　　　　　　　□封面设计：言之凿
□责任校对：刘彦妮　张小娅　　　□责任印制：许　冰

东北师范大学出版社出版发行
长春净月经济开发区金宝街 118 号（邮政编码：130117）
电话：0431-84568115
网址：http：// www.nenup.com
北京言之凿文化发展有限公司设计部制版
北京政采印刷服务有限公司印装
北京市中关村科技园区通州园金桥科技产业基地环科中路 17 号（邮编：101102）
2022年4月第1版　2022年4月第1次印刷
幅面尺寸：170mm×240mm　印张：10.75　字数：168千

定价：45.00元

编委会

乐·在心
成于性

序 言

　　珠江西岸，澳门侧畔，放眼望去，满是欣欣向荣的新气象，这就是横琴，一个了不起的国家级新区。横琴新区政府担当着使教育成为横琴新区发展的亮丽名片的责任，高起点、高标准、高质量地建设起了横琴新区第一所公办幼儿园——珠海市横琴中心幼儿园。

　　珠海市横琴中心幼儿园的核心文化定位为"乐以养性"——在快乐的环境、快乐的团队、快乐的课程中培养幼儿的性情、性格和兴趣。我园的AH-HA课程一直秉持着"给孩子一个快乐童年"的绿色生命教育理念，通过三大育人目标——健康快乐、富有创意、国际视野，共同描绘出AH-HA课程中孩子的学习与生活状态。

　　从建园伊始，珠海市横琴中心幼儿园的教师们就兢兢业业地进行着园本课程建设，在华发容闳幼儿园总园的引领下，对各种主流学前教育课程进行学习借鉴、实践探索、整合创新……逐渐摸索出一条属于横琴中心幼儿园的园本课程建设之路。

　　"小鸟为什么要站在电线杆上？""车轮为什么是圆的？""小鱼会近视吗？""我们要怎样来庆祝毕业呢？"……幼儿是与生俱来的探索者，他们提出的各类奇思妙想的问题都会受到教师的珍视。教师会和幼儿一起去实地参访、去网上查找资料、去咨询专业人士、去与小伙伴们讨论……幼儿就是在发现问题、探究问题、解决问题的过程中，不断建构着属于自己的独特经验的。

　　本书收录了"早茶""汉字""传统运动""海洋""数字""我的毕业典礼"等六个AH-HA课程项目探究案例，在案例中分享了探究的步骤，记录了探究

的过程，更沉淀了师幼探究的智慧。这是我们第一本AH-HA课程项目探究案例集，我们也会以此为始，沉淀出更多、更专业的AH-HA课程项目探究案例集。

乐以养性育学子，爱满横琴吐芬芳。园本课程研究永远在路上，我们会用心、用情办有温度的教育，让每一个从横琴中心幼儿园走出去的幼儿都"乐在心，成于性"。

胡亚敏

2020年8月1日

目　录

第一部分　AH-HA课程简介

第二部分　AH-HA课程项目探究案例

第一部分

AH-HA课程简介

1

一、什么是AH-HA课程

（一）AH-HA

AH-HA代表着脑中的"电灯泡"突然亮了起来——就是灵光一闪的意思。美国费城的心理学教授约翰·考尼尔斯（John Kounios）指出："顿悟实际上会使我们的脑部释放出'闪光'。"灵光一闪发生在一个人的脑中，说明已有一个新发现诞生了，或者是一个疑团已被解开，或者是一个任务已经达成。

（二）AH-HA课程

AH-HA课程是以建构主义理论为基础，以"主动学习"为核心，融合瑞吉欧方案教学、项目教学、高瞻课程三大课程模式，以"浸入式英语课程""兴趣大超市"等多种课程形式为载体，让幼儿在"计划—工作—回顾"和"提出问题—探究问题—解决问题"的过程中，不断地思考与探索，体验一次又一次灵光一闪的时刻，重构幼儿经验，促进幼儿高阶思维发展的具有中国文化适宜性的国际化课程。

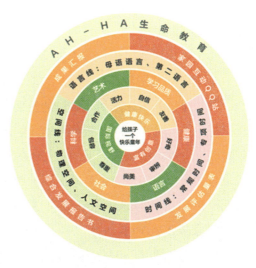

AH-HA课程图解

二、AH-HA课程项目探究的步骤

（一）主题来源

（1）以幼儿兴趣为中心，捕捉幼儿的兴趣点。

（2）丰富幼儿的自身经验和社区经验。

（3）紧跟社会时事热点。

（4）捕捉幼儿的自身发展需要。

（二）AH-HA项目探究的阶段

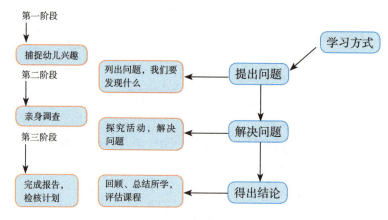

AH-HA项目探究的阶段图

（三）课程评估

（1）过程评估。

① 教师观察记录本。

教师通过观察评测幼儿目前的发展阶段，并预测下一步的发展阶段，进一步支持孩子的灵光一闪。教师对幼儿的观察是自然感知和有目的观察相结合。观察和评价策略强调对当下的、实时的、具体的情境下的幼儿行为进行观察，注重对幼儿行为的解读，教师识别和判断幼儿的最近发展区，为幼儿提供及时的鹰架，随时为幼儿AH-HA时刻的来临提供专业支持。

② 家园互动QQ本。

它主要包含《一日作息时间安排》、《关于我》、《关于爸爸妈妈》、《关于期望》、《在幼稚园》、《在家庭》、《关于"儿童观察记录"》等几个组成部分。每周，教师通过QQ本及时向家长介绍班级课程开展情况，反映孩子在园的学习、生活状况，宣传正确的儿童观、教育观。同时，家长也通过QQ本向教师反馈孩子在家情况和对孩子教育的想法。教师和家长积极探讨教育问题，共同为孩子的发展付出努力。

③教师教研。

在项目探究活动的实施中，教师通常以班级教研、级组教研和全园教研三种形式针对项目的开展进行研究讨论，帮助教师厘清项目的核心问题，解决在活动中遇到的疑惑，积累项目开展的经验，如如何制定项目网络图、如何进行提问、如何举办学习成果展等。

（2）展示性评估。

①高潮活动。

AH-HA课程在开展了较长一段时间后，会进入第三阶段——总结经验、分享成果阶段，这个阶段是项目探究活动的高潮部分。它的有效开展有利于儿童总结所学知识，提升经验。同时也有助于教师回顾项目并评估达成的目标情况，另外还非常有利于家长参与AH-HA课程，提升家园共育。

②结题活动。

结题活动中，班级教师会向家长汇报项目整个开展情况。汇报形式可以是多种多样的，如知识竞答、戏剧表演、角色表演、亲子参与等。通过完成结题汇报工作向所有儿童、家长、教师等展示项目成果。同时根据之前确定的项目标准，教师、家长、儿童共同对项目的成果、学习过程、项目经历和经验进行评价和总结。

第二部分

AH-HA课程项目探究案例 2

案例一 ——早茶

一、主题来源

（一）唤起共同经验

利用多种形式，如团体讨论、分享经验、问卷调查等，激发幼儿的好奇心并唤起幼儿对主题的共同经验。在教师分享喝早茶和介绍早茶起源的活动中，幼儿们建立了背景知识，并认识了一些基本词汇和相关概念。

教师分享去四季佳景喝早茶的经历

教师介绍早茶的起源

（二）发掘幼儿的相关知识

确认幼儿已具有预备知识，通过班级团体讨论、小组分享、个体谈话等，以气泡图以及图标呈现的方式，完成幼儿所知道的主题相关内容的幼儿网络图。教师在幼儿网络图中增加图片或照片，帮助幼儿将自己及他人的话语与书写文字相联系。

爸爸妈妈带我体验喝早茶

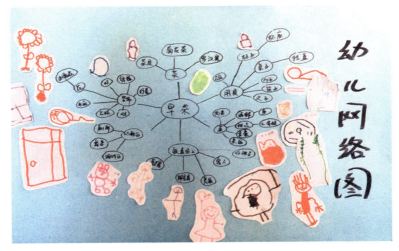

团体讨论后，以气泡图的形式完成幼儿网络图

（三）发展幼儿想探究的问题

将第一张问题清单视为探究过程中的第一步很重要。这张单子未来可能会被标有新方向、新兴趣的单子所取代，而问题也会随着答案的出现日益减少。

①为什么吃早茶要聊天说话？

②为什么早茶只有包子、糕点、河粉、粥，没有其他饭菜？

③喝早茶为什么要用开水烫碗筷呢？

④有草莓味的小笼包吗？

⑤凤爪辣不辣呢？

⑥早茶里的天鹅是什么？可以吃吗？

⑦茶很好喝，但为什么是绿色的？

第一张问题清单

二、探究过程

（一）营造探究环境

收集设备与物品材料，如茶具、碗筷、电饭煲、收银机等，布置与主题相关的门头、家园联系栏、区标等班级环境。

热心家长提供的各种早茶店的设备材料

主题特色的门头，让幼儿在进班那一刻起便与主题产生联系

家园联系栏开设了早茶主题的互动区域，让幼儿与家长更清楚主题的开展情况

区标的设计，使主题与班级区域紧紧相连

主题特色的吊画，让早茶区域更加突出

（二）启动部分

1. 启动步骤

（1）重新检视幼儿网络图。在教室，展示产生的新想法及新问题，以图标的方式呈现，让不会阅读的幼儿也能牢记心中。重新检视、拓展问题的目的是鼓励幼儿针对主题做更深入的思考。

（2）家长参与。①寻求家长帮助，为幼儿学习提供作品或资源。②家中延伸学习，鼓励家长与幼儿互动交流，通过亲子讨论，家长可以帮助幼儿巩固所学习的主题知识，并培养幼儿的好奇心和解决问题的兴趣。

（3）选择实地参访的地点、预备参访地点的接待人员等。

（4）为专家来访做准备。

（5）以记事夹板、角色扮演的方式，介绍一些技巧给幼儿。例如，如何向成人提问，尤其是对不熟悉的人。

2. 启动活动：给早茶店起名字

恐龙酒店的由来——激烈的PK赛。通过三轮激烈的PK，依然胜负难分。现场打电话求助，首发得胜，由左宸宇爸爸承担logo设计工作。

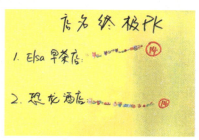

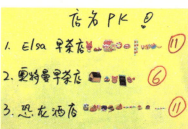

店名PK

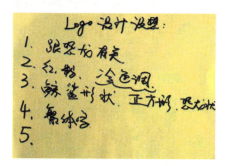

酒店logo

（三）探究部分

1. 幼儿提出的问题清单

KC7班早茶主题问题清单1：

庄钿橙：①为什么早茶店的厨师要洗餐具？②为什么早茶只有广东有？③为什么要倒茶给客人喝？

李奕含：①女厨师是长什么样子的？②茶壶、茶杯是什么样子的？③菊花是什么样子的？

王思文：①怎么买单？②厨房的厨师穿什么衣服？③海鲜从哪里来？④菜单里面那么多吃的是怎么来的？

左宸宇：①厨师煮的东西从哪里来？②我们吃的食物为什么要添加调料和辣椒？③厨房的垃圾桶都是什么样子的？④早茶店为什么有那么多人进去？⑤早茶店点心下面的垫纸是怎么处理的？

根据幼儿提出的问题清单，重新补充网络图，明确探究方向。

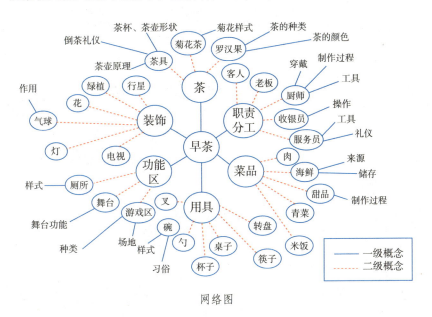

网络图

参考下面AH-HA课程项目教学问题探究方式坐标轴，选择更合适的探究方式。

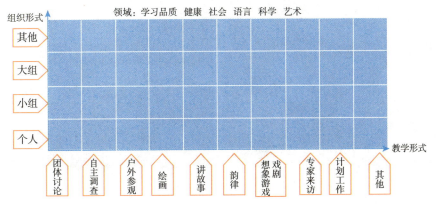

AH-HA课程项目教学问题探究方式坐标轴

2. 第一轮探究：参访海里鲜

参访前：进行问题分类，传授提问技巧。

参访中：新发现问题或者解决自己的原有问题。

参访后：及时做一次讨论回顾。（讨论中可以分享幼儿记得的、喜欢的或者令幼儿吃惊的、感兴趣的东西。教师也会针对幼儿参访计划表提供解答）

参访海里鲜

（1）第一轮探究的呈现：

第一轮探究的呈现

（2）第一轮探究的梳理：

简单、直接的数据分析、图标呈现、进展情况呈现，都让幼儿对主题的进展更有方向感、掌控感。

探究的梳理

梳理后的变化:

幼儿在参访过程中有了新的发现，也提出了新问题:

"我看见有BB凳。"

"我们的恐龙酒店没有饮料。"

"海里鲜门口有两棵树（发财树）。"

"我看见服务员穿了粉色衣服。"

······

于是，我们做了这些事情:

布置饮料区，增添角色道具，鼓励支持幼儿研究。

饮料区

3. 第二轮探究：制作小猪包

重新检视问题清单中未解决的问题，发现幼儿对制作过程感兴趣。

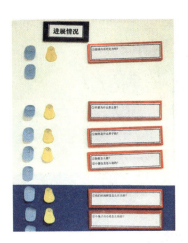

①怎么制作小白兔？
②如何制作包子？

①肠粉怎么做？
②小猪包是怎么做的？

①小兔子蛋糕是怎么做的？

问题清单

制作小猪包

（1）探究过程：观看视频，动手制作。

参访海里鲜后，幼儿的问题清单中的大部分问题已经找到了答案，但是还有一小部分问题没有解决。教师和幼儿一起整理并分析了这些未解决的问题，发现基本都是制作类的问题，如小兔子蛋糕是怎么制作的、小猪包是怎么制作的。我们可以请教专家，或者通过观看相关视频来解决此类问题。因此，教师找到了制作小猪包的视频，让幼儿了解小猪包的制作过程，以及需要准备的物品（面粉、白糖、牛奶、鸡蛋、酵母等）。观看之后，幼儿利用超轻黏土亲手制作了属于自己的第一个小猪包。

（2）第二轮探究的呈现：作品展示。

第二轮探究的呈现

（3）第二轮探究的梳理：茶的系列活动。

书籍：广饮广食

活动呈现：叩指谢茶礼

4. 第三轮探究：茶的系列活动

活动呈现：茶的种类展板

活动过程：泡茶

第三轮探究后的梳理：结题准备活动。

幼儿分组讨论结题方式，在这个过程中，幼儿可以自由地表达自己的想法，并用气泡图记录讨论结果。

幼儿分享讨论结果：通过绘画、写信、玩游戏、去喝早茶、用眼睛看等方式为爸爸妈妈展示早茶探究过程。

幼儿分组分享讨论结果

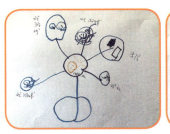 

幼儿作品

三、展示性评估

1. 结题活动——介绍探究过程

介绍探究过程

2. 结题活动——早茶体验游戏

（1）美食的奇妙变身。

（2）工牌SHOW。

（3）茶点拼拼乐。

（4）早茶明信片。

（5）得闲饮茶。

（6）职业大比拼。

（7）茶点百变秀。

（8）茶点洞洞乐。

（9）巧手投食。

（10）吃货的大脑。

（11）茶点排排队。

（12）DIY面食小达人。

（13）快到圈里来。

（14）最强大脑。

游戏玩法：15位幼儿为一组，幼儿身穿"菠萝油"服饰，围成一个圆圈慢慢跑动。教师随机抽取一个数字，请"菠萝油"对应数量进行抱团。

早茶体验游戏

四、家长支持

（一）构建学习共同体

主题家长会：家长了解主题走向，明确需要配合的地方，形成家园合力。

家长正在分组讨论主题网络图

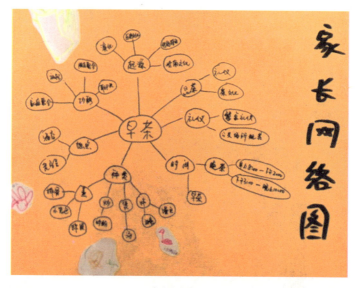

家长网络图

（二）协助环境创设

家长们的主题墙画，不仅温馨了整个教室，还为幼儿提供了更为丰富的探究环境。

热心家长提供的各种早茶店的设备材料

家长们的主题墙画

（三）参与课程活动

家长参与：

寻求家长帮助，为幼儿学习提供作品或资源。家中延伸学习，鼓励家长与幼儿互动交流，通过亲子讨论，家长可以帮助幼儿巩固所学习的主题知识，并培养幼儿的好奇心和解决问题的兴趣。

泡茶活动（专家进班：曾沛茵外公）

五、活动延续

（一）角色扮演

角色扮演

演员表1：高兴、许可滢、王思文。

打电话预留位置　　　　　　服务员，我要点餐　　　　　嘿嘿，收钱咯

演员表2：李奕含、许可滢、罗翌晗、刘欣妍。

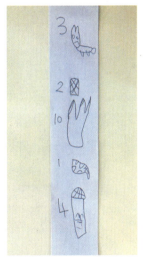

愉悦的用餐　　　　　　　　服务员手写菜单

（二）主题晨会：恐龙酒店的故事

本学期的KC7班升旗仪式主题晨会结合幼儿园开展的早茶主题活动，通过升旗仪式主持人（左宸宇、王思文）、升旗手们（倪晨晨、岑紫炯、薛鸿烨、陈冠霖）向幼儿园全体小朋友介绍早茶的起源、早茶的种类、茶的种类、KC7

班早茶店的名字，加深了幼儿对早茶知识的理解，使幼儿在早茶主题活动中获得的知识得以巩固。

升旗仪式主题晨会

KC7班幼儿带来了舞台剧表演《恐龙酒店的故事》，幼儿分饰迎宾、服务员、厨师、顾客，精彩的表演获得了在场的全体幼儿、幼儿园教师、家长们的热烈掌声。

本学期早茶主题活动在主题晨会舞台剧《恐龙酒店的故事》的表演中落幕，但早茶活动的精彩，将在幼儿的日常生活中继续。

舞台剧《恐龙酒店的故事》演职人员表

导演：张芳老师、陈妍老师、江晓进老师、韦阳力老师

恐龙酒店经理：左宸宇爸爸

迎宾：王贺、何梓维

服务员：李奕含、刘欣妍、梁诗蕴、陈嫣雨、李添艺、罗翌晗、
　　　　岑紫炯、庄钿橙、倪晨晨、许可滢、孙涵茜、曾沛茵

厨师：高兴、薛鸿烨、刘俊廷、陈曦磊、陈俊熙、黄钰轩、Dami

顾客：李昊阳、左宸宇、王思文、陈冠霖、杨馨宇、高天奕、
　　　刘涵予、刘梓萱

主题晨会舞台剧表演

早茶主题活动落幕

案例二 ——汉字

一、主题来源

（1）在分享经验时，幼儿有很多问题的碰撞。例如，张老师的"张"和张洋的"张"，是不是一样的？——以幼儿的兴趣为中心，捕捉幼儿的兴趣点。

（2）幼儿在日常生活中可以随时随地看到汉字，能充分获得第一手的研究材料和实物。幼儿通过自身的探究可以获得关于汉字的不同方面的经验，如汉字的演变过程、汉字的结构等。——丰富幼儿的自身经验和社区经验。

（3）国家积极倡导弘扬中华传统文化，媒体中传统节目层出不穷，如《诗词大会》《经典咏流传》等，传统文化教育应该从幼儿园开始逐渐渗透。——紧跟社会时事热点。

（4）为幼儿上小学做好识字阅读经验铺垫。上小学需要一定的识字基础，汉字主题探究可以激起幼儿对汉字的认知兴趣。——根据幼儿的自身发展需要。

二、探究过程

（一）提出问题

（1）填写调查表，收集幼儿问题。

（2）呈现问题墙，根据幼儿问题确定研究方向。

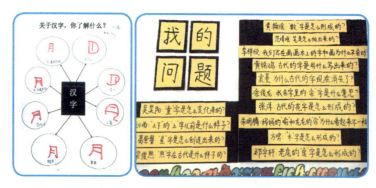

问题墙

（二）解决问题

1. 预设网络图，呈现幼儿的思维轨迹

（1）教师网络图：

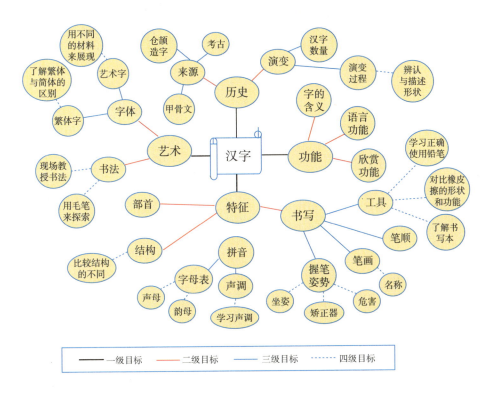

① 明确教学主题，深入挖掘与主题相关的探究领域。

② 根据教师的相关经验与知识，预设可供幼儿探索与发展的内容和活动。

③ 将教师对主题内容的想法及探索方向清晰地罗列出来，呈现出清晰的教学脉络。

（2）幼儿网络图：

① 挖掘幼儿已有的相关经验与知识。

② 将幼儿的想法和问题诉诸主题实践中，帮助幼儿理解传统文化的传承，了解汉字的发展过程，发展新的词汇。

③ 获得集合的概念。

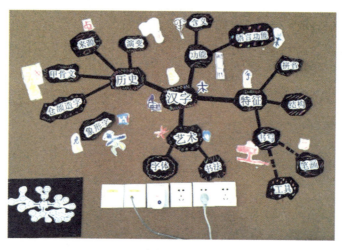

幼儿网络图

2. 不断探究，一步步解决自己的问题

讨论汉字 → 汉字调查表 → 提出问题 → 网络图 → 文字的演变 → 相关活动（汉字藏书）（毛笔字） → 第1次汉字印刷 → 百家姓 → 第2次汉字印刷 → 同音字探索 → 圣诞寻宝 → 结题（课程体验）

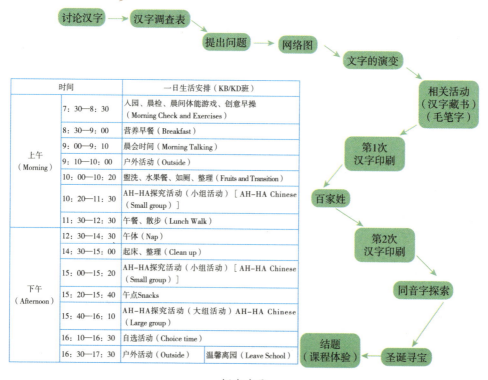

时间		一日生活安排（KB/KD班）	
上午（Morning）	7：30—8：30	入园、晨检、晨间体能游戏、创意早操（Morning Check and Exercises）	
	8：30—9：00	营养早餐（Breakfast）	
	9：00—9：10	晨会时间（Morning Talking）	
	9：10—10：00	户外活动（Outside）	
	10：00—10：20	盥洗、水果餐、如厕、整理（Fruits and Transition）	
	10：20—11：30	AH-HA探究活动（小组活动）〔AH-HA Chinese（Small group）〕	
	11：30—12：30	午餐、散步（Lunch Walk）	
下午（Afternoon）	12：30—14：30	午休（Nap）	
	14：30—15：00	起床、整理（Clean up）	
	15：00—15：20	AH-HA探究活动（小组活动）〔AH-HA Chinese（Small group）〕	
	15：20—15：40	午点Snacks	
	15：40—16：10	AH-HA探究活动（大组活动）AH-HA Chinese（Large group）	
	16：10—16：30	自选活动（Choice time）	
	16：30—17：30	户外活动（Outside）	温馨离园（Leave School）

探究步骤

（1）文字的演变

玩法：幼儿选取一张甲骨文卡片，通过以形画字，在字体上粘贴毛线、锡纸包装，涂色等环节，让幼儿了解甲骨文的模样，了解文字演变的过程。

幼儿了解甲骨文

相关活动：

① 汉字演变书：幼儿通过对比甲骨文与现代汉字，了解汉字的演变历程，并制作一本属于自己的"汉字演变书"。

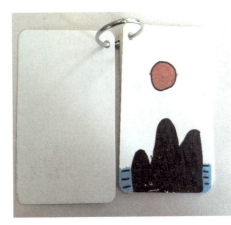

汉字演变书

② 汉字藏书：教师提供报纸、杂志等带有文字的纸张，幼儿可以自由收集其中自己认识的汉字，并将认识的汉字剪下来，粘贴在自己的"汉字藏书"中。

汉字藏书

③书法活动：幼儿了解书法工具、书写姿势等，现场感受毛笔字的独特魅力。

书法活动

（2）人体拼字

玩法：请2~4名幼儿在垫子上用身体拼出常见字，如"大""一""人""中"等容易用肢体摆出的字，一名幼儿作为总指挥。分组比赛，看看哪一组拼出来的汉字多。

人体拼字

① 古诗拼图。

玩法1：选择一首幼儿学习过的古诗，将其拆解成单个的汉字，混入放有其他汉字卡的箱子里。拿字卡排出古诗即成功。

玩法2：选择一首幼儿学习过的古诗，将其打印在一张画纸上，可剪成一行或单个字的模式，进行过胶，让幼儿对照这首古诗来进行拼图。

② 立体的古诗，流动的画。

玩法：每名幼儿选择一首喜欢的古诗，了解古诗的背景及诗意，然后根据自己的理解，用不同的表达方法展现古诗。给幼儿足够交流古诗的机会，让幼儿自主展示自己的古诗，并做一次"立体的古诗，流动的画"的展览。

立体的古诗

③ 看图猜字。

玩法：幼儿自行结伴，一个幼儿拿卡片，其他幼儿进行看图猜字，然后轮流进行。

看图猜字

④ 汉字组词。

玩法：幼儿两名、三名或四名结伴，各自拿上卡片。由一名幼儿显示自己的卡片，其他幼儿对汉字进行组词，轮流进行。

汉字组词

⑤ 汉字连线。

玩法：教师打印幼儿常见的字，请幼儿对照简体字找出繁体字进行连线。

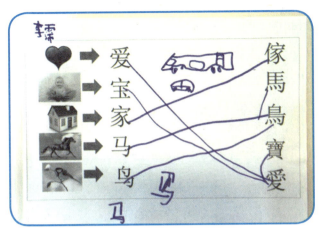

汉字连线

（3）第一次汉字印刷

通过第一次汉字印刷，我们发现了一些问题：

① 刻痕不够深，印不出汉字。

② 颜料刷得太少或太多，印刷不清晰。

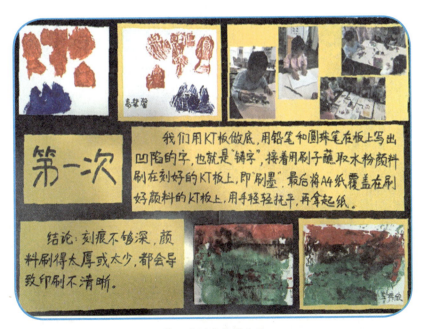

第一次汉字印刷作品

（4）百家姓

发放《家庭姓氏一览表》调查表，收集每个家庭的姓氏，通过幼儿分享与教师记录，按每个姓氏人数多少排出前三名，并让幼儿参与制作班级姓氏墙，展示在门口。

百家姓展板

（5）第二次汉字印刷

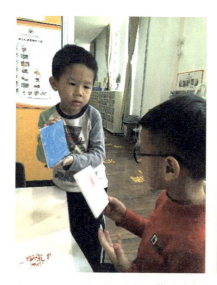

第二次汉字印刷作品

第二次汉字印刷，比第一次有了很大的进步。有了上一次的经验，幼儿在刻痕上下了功夫，涂色方面也有改进，终于，汉字印刷成功了。可是，这一次，幼儿发现了新的问题——汉字是反的。于是，我们将汉字印刷的材料，放在区域材料里，让幼儿自由地探索、解决第二次印刷发现的问题。

（6）同音字

幼儿通过对同音字进行探索，了解读音的相似与相同，了解汉字的多样性。

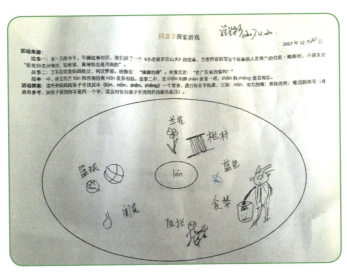

同音字作品

（7）圣诞寻宝——探究高潮

每名幼儿都有一张寻宝图，幼儿只有到达相应的位置才能得到一个汉字，寻宝结束后按照顺序读出通关密语（如我爱你、谢谢你、你真美等）就获胜。

寻宝

3.环境创设，呈现幼儿的探究过程

教师预设环境，激发幼儿的探究兴趣（区标设计、材料投放、家园联系栏、区域设计）。

（1）区标设计

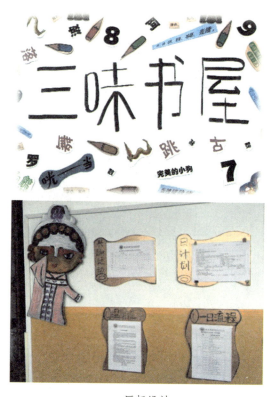

区标设计

（2）材料投放

材料

通过预设的环境，幼儿开始谈论并了解汉字。

幼儿在工作时间尝试写毛笔字。

幼儿在走廊里玩起了汉字游戏。

幼儿写毛笔字和玩汉字游戏

　　随着课程的开展，教师和幼儿不断地丰富教室环境（教室门口，班级区域，墙面、空中与地面）。

（3）教室门口

教室门口

（4）墙面、空中与地面

①呈现幼儿的计划表和回顾表。

②呈现幼儿的作品。

③呈现幼儿的问题。

④呈现幼儿发现问题、运用各种办法解决问题并获得成功的过程。

墙面、空中与地面

4. 教师的后续工作

（1）对幼儿的每一次作品都认真地进行记录。

（2）随时用图文并茂的形式来描述幼儿的学习过程，可以帮助幼儿回顾自己的经验。

（3）在呈现幼儿作品时，如果能将幼儿的照片放在上面，一定是对幼儿最大的鼓励。

（4）把幼儿的作品当成艺术品来布展，让幼儿觉得大家非常欣赏他。

三、展示性评估

① 高潮活动——"圣诞寻宝"。

圣诞寻宝活动

②结题活动——"汉字探究"

"汉字探究"（一）

"汉字探究"（二）

"汉字探究"主题结题报告

四、家长支持

（1）丰富幼儿的探究材料：①协助教师准备活动材料；②提供汉字书籍；③提供传统文化资源。

（2）参与班级环境创设：①参与区域规划，提供书法支持；②丰富班级环境，提供自制作品。

（3）家长来园进行助教：邀请KD1班王思玖爷爷开展书法活动。

（4）积极将幼儿探究的过程性评价转为文本资料：KD3班陈苒苒爸爸、黄璟熙爸爸、张屹铭妈妈整理幼儿守护汉字的资料，将幼儿守护汉字的过程做成书。

王思玖爷爷的书法活动

守护汉字书

五、活动延续

（一）课程延续

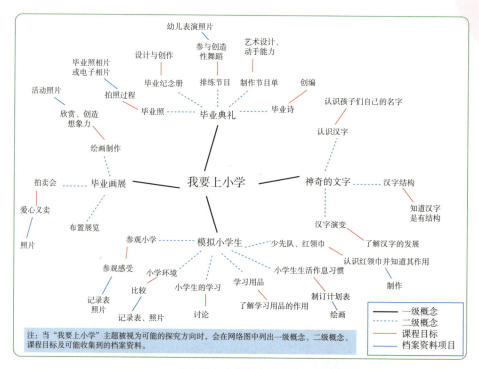

注：当"我要上小学"主题被视为可能的探究方向时，会在网络图中列出一级概念、二级概念、课程目标及可能收集到的档案资料。

"我要上小学"主题网络图

（二）活动延续

1. 守护叠字活动

每个幼儿选取一个二叠字，从三个方面进行介绍：①组成；②读音；③含义。将每名幼儿分享二叠字的过程录制下来并保存。

守护叠字活动

2. 守护汉字书

守护二叠字活动的灵感源于2018年春节微信上的守护汉字活动，每个汉字守护人会守护一个很少出现的汉字。所以，我们开展了守护叠字活动，叠字是有两个或三个相同的字组成的，对幼儿来说易于识记，也更有吸引力。先从守护二叠字开始，乃至三叠字、四叠字等。最后，在家长的帮助下，我们制作了一本《守护汉字书》。

《守护汉字书》截图

案例三 ——传统运动

一、主题来源

（1）爱玩是幼儿的天性，传统运动精彩且有趣，深受幼儿的喜爱，以幼儿的兴趣为中心，捕捉幼儿的兴趣点。

（2）幼儿在日常生活中会参与各项运动，如幼儿园的运动会、户外活动、定向越野等。幼儿亲身参与并投入运动，可以充分地感受到运动的魅力，获得关于运动不同方面的经验，丰富自身经验和社区经验。

（3）国家积极倡导弘扬中华传统文化，传统运动作为传统文化中的重要部分，理应在幼儿的生活中渗透，紧跟社会时事热点。

（4）健康是幼儿发展的第一目标，而运动有助于幼儿拥有更加强健的体魄，传统运动主题探究可以激起幼儿对运动的热爱，满足幼儿的自身发展需要。

二、探究过程

（一）提出问题

（1）填写调查表，收集幼儿问题。

（2）呈现问题墙，根据幼儿问题确定研究方向。

幼儿作品（一）

幼儿作品（二）

（二）解决问题

1. 预设网络图，呈现幼儿的思维轨迹

（1）教师网络图

形成项目探究的网络图，明确探究的方向和内容。

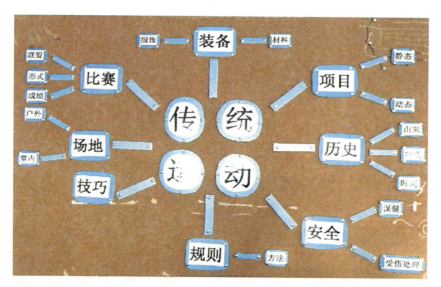

教师网络图

（2）幼儿网络图

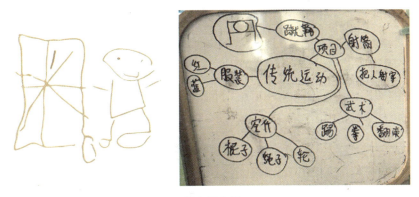

幼儿网络图

① 挖掘幼儿已有的相关经验与知识。

② 将幼儿的想法和问题诉诸主题实践中，培养幼儿理解传统文化的传承，了解传统运动的发展过程，热爱运动，强身健体。

③ 获得集合的概念。

2. 不断探究，一步步解决自己的问题

探究步骤如图所示：

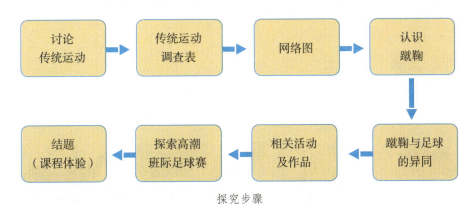

探究步骤

（1）探索传统运动

例如，探索传统运动的由来及发展。在进行"我认识的运动"活动时，有幼儿提问："这些运动是怎么来的？"于是，教师与幼儿一起探索传统运动的由来及发展。

探索传统运动

（2）传统运动调查表

①你认识的传统运动。

幼儿采访其他班级的教师和小朋友，如"你知道的传统运动有哪些？"

采访（一）

采访（二）

②我最喜欢的传统运动。

我们将幼儿采访得到的关于"你知道的传统运动有哪些"的答案统计在一起，并与幼儿一起了解讨论传统运动的相关知识，最后幼儿投票选出"我最喜欢的传统运动"，结果显示班级大部分幼儿对于"蹴鞠"很感兴趣。

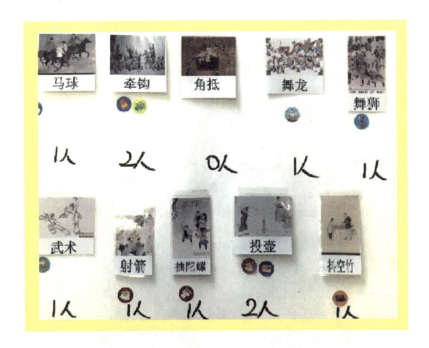

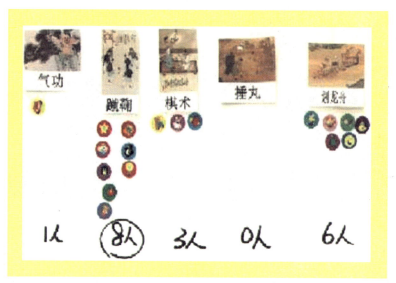

"我最喜欢的传统运动" 投票

（3）认识蹴鞠

幼儿对蹴鞠的形状、材料等性质有一定的了解后，和家长一起利用各种材料制作蹴鞠。

自制蹴鞠

（4）蹴鞠与足球的异同

幼儿提出了对于蹴鞠的疑问。紧接着幼儿发现蹴鞠与足球很像，于是我们比较了蹴鞠和足球之间的异同。

蹴鞠与足球的异同

（5）相关活动及作品说明

随着传统运动主题的确立及探究，幼儿不但了解了传统运动的由来及发展，还比较了传统运动与现代运动之间的异同。在接下来的主题探究中，教师根据幼儿事先讨论形成的幼儿网络图、AH-HA课程六大领域，生成了幼儿感兴趣的、适合幼儿的一系列活动。

传统运动主题的讨论

相关活动及作品：

足球的创想作品

幼儿利用各种材料在空白的足球上自由创作。

幼儿观看了世界杯比赛，了解足球比赛的规则，并讨论记录。

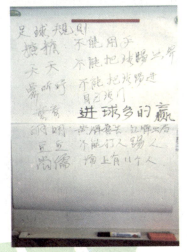

了解足球规则

幼儿根据几种类型的足球按照模式的规律进行排序。

足球排序

幼儿将几项传统运动的图片与该运动的简笔画进行一一对应并连接。

运动连连看

幼儿进行运球、传球、点球的游戏，亲身感受足球的魅力。

足球运动员

幼儿了解了足球比赛的规则，并观看大班年级组举行的足球联赛，担任啦啦队，为"足球运动员们"加油!

啦啦队

幼儿自由选择分成两组，进行班级内的足球比赛，他们快乐地享受足球，享受运动。

班级足球赛

我心中的足球比赛

在对足球进行探究之前，幼儿描绘了自己心中的足球比赛的情景。在对足球有了更深的了解后，幼儿再次描绘对足球比赛的理解，前后对比，提升经验。此外，幼儿还探究、体验了射击与踢毽子等。

体验射击

体验踢毽子

体验踢毽子

（6）探究高潮说明

幼儿天生就有一颗好奇的心，对世间万物都很感兴趣，乐于探究。在对传统运动主题有了深入的了解后，幼儿开始实践并总结。他们自发地组织了班级足球赛，并总结比赛的过程。在总结的活动中，幼儿提出了需要比赛队服、队旗、奖杯等材料，并提出了解决方案，一起准备比赛材料。在做好充足的准备后，幼儿向其他班的教师和幼儿发送邀请函，邀请他们进行班级间的足球比赛，并向自己的爸爸妈妈、园长妈妈及全园的教师和幼儿发放自己制作的门票，邀请他们来观看足球比赛。

探究活动图

① 探究高潮——班级足球赛。

幼儿根据自己的经验，总结了班级足球比赛，并提出比赛缺少的材料。

缺少：

1. 李雨函、奖杯、红黄牌
2. 天天、护腿板
3. 美婷、足球鞋
4. 王珊珊、比分牌
5. 糖糖、啦啦花
6. 蓉尚儒、足球框
7. 张佳越、足球衣
8. 王雨涵、啦啦队服装
9. 慕昕妤、医药箱
☆ 10. 曹梓菡、观看比赛的人（观众）

比赛总结

设计球衣

　　足球比赛，当然少不了好看的球衣。通过对球衣的观察研究，幼儿知道了球衣有各种各样的颜色，衣服上的标志分别代表着球队以及赞助商，球衣的后面还有球员的序号和名字。了解球衣过后幼儿亲手设计一件自己的球衣。

　　幼儿分工合作，有的制作球票，有的制作邀请函，有的制作队徽，有的制作队旗，有的制作加油牌，有的制作奖杯，一起完善足球比赛。

队旗

邀请函

加油牌

队徽

完善比赛材料

班级足球赛

② 探究高潮——班级跑步比赛。

班级跑步比赛

③ 探究高潮——班级拍球比赛。

班级拍球比赛

④ 探究高潮——班级投沙包比赛。

班级投沙包比赛

（7）结题（课程体验）

课程总结

3. 环境创设，呈现幼儿的探究过程

（1）教师预设环境，激发幼儿探究兴趣（家园联系栏、材料投放、区标设计、区域设计）。

（2）随着课程的开展，教师和幼儿不断地丰富教室环境（教室门口，班级区域，墙面、空中与地面）。

创设的环境

环境呈现的内容：

① 呈现幼儿的计划表和回顾表。

② 呈现幼儿的作品。

③ 呈现幼儿的问题。

④ 呈现幼儿发现问题、运用各种办法解决问题并获得成功的过程。

4. 教师的后续工作

① 对幼儿的每一次作品都认真地进行记录。

② 随时用图文并茂的形式来描述幼儿学习的过程，可以帮助幼儿回顾自己的经验。

③ 在呈现幼儿作品时，如果在作品旁附上幼儿的照片，一定是对幼儿最大的鼓励。

④把幼儿的作品当成艺术品来布展，让幼儿觉得大家非常欣赏他。

三、展示性评估

①高潮活动——班际足球赛。

②结题活动。

幼儿活动图片（一）

幼儿活动图片（二）

幼儿活动图片（三）

四、家长支持

（1）协助教师准备活动材料。

（2）帮忙收集主题探究中需要的资料。

（3）提供简易运动器械。

（4）晨练时间带领幼儿踢足球。

（5）为班级足球比赛提供物资。

幼儿活动图片（四）

幼儿活动图片（五）

五、活动延续

（1）组建班级足球队，根据幼儿的发展特点及兴趣进行足球锻炼，并邀请其他班甚至姐妹园的幼儿进行足球友谊赛，让幼儿热爱足球、热爱运动。

（2）将部分传统运动项目用有趣、幼儿乐于接受的方式，运用到日常的体能锻炼及活动中。

（3）带领幼儿走进社区，参观本土传统运动场所，参与传统运动表演或竞技，感受传统运动的魅力，传承传统文化。

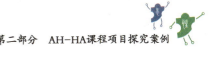

案例四 ——海洋

一、主题来源

（1）在分享经验时，幼儿有很多经验的碰撞。例如，"我去过阳江的海陵岛，跟东澳岛有点不一样"。——以幼儿的兴趣为中心，捕捉幼儿的兴趣点。

（2）横琴靠近海洋，海资源相当丰富，幼儿从小接触到各种与海洋有关的知识，如海洋资源、长隆海洋王国等。——丰富幼儿的自身经验和社区经验。

二、探究过程

（一）提出问题

（1）填写调查表，收集幼儿问题。

（2）呈现问题墙，根据幼儿问题确定研究方向。

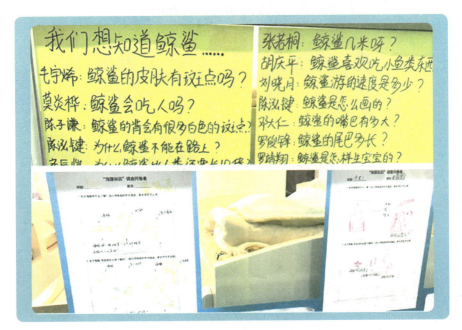

问题墙

（二）解决问题

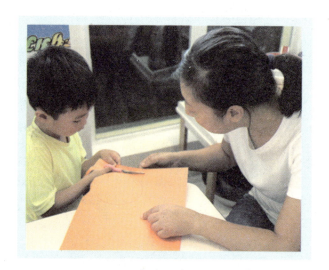

探究活动

1. 预设网络图，呈现幼儿的思维轨迹

（1）教师网络图

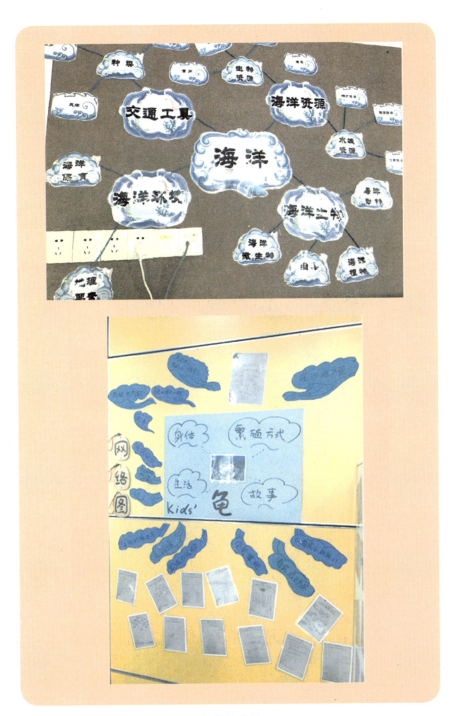

教师网络图

（2）幼儿网络图

① 挖掘幼儿已有的相关经验与知识。

② 将幼儿的想法和问题诉诸主题实践中，有利于幼儿理解海洋的发展，了解海洋的相关知识，发展新的词汇。

③ 获得集合的概念。

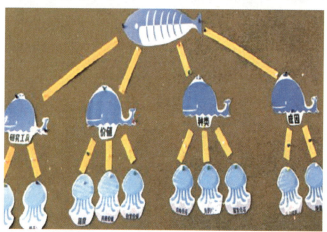

幼儿网络图

2. 不断探究，一步步解决自己的问题

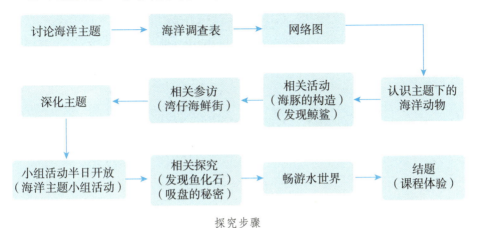

讨论海洋主题 → 海洋调查表 → 网络图

认识主题下的海洋动物 ← 相关活动（海豚的构造）（发现鲸鲨）← 相关参访（湾仔海鲜街）← 深化主题

深化主题 → 小组活动半日开放（海洋主题小组活动）→ 相关探究（发现鱼化石）（吸盘的秘密）→ 畅游水世界 → 结题（课程体验）

探究步骤

（1）海洋动物秀

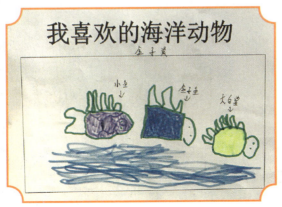

海洋动物秀

（2）多样鱼化石

多样鱼化石

（3）会长大的海洋球

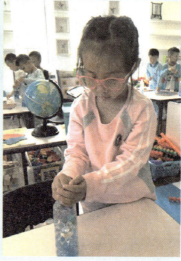

会长大的海洋球

（4）小鱼吐泡泡

小鱼吐泡泡

（5）海洋漂流瓶

海洋漂流瓶

（6）鱼化石的问卷调查

鱼化石的问卷调查

（7）锡纸海洋动物

锡纸海洋动物

畅游横琴水世界

3. 教师预设环境，激发幼儿探究兴趣

（1）家园联系栏

（2）材料投放

（3）区标设计

（4）区域设计

随着课程的开展，教师和幼儿不断地丰富教室环境。

预设环境

（5）墙面、空中与地面

① 呈现幼儿的计划表和回顾表。

② 呈现幼儿的作品。

③ 呈现幼儿的问题。

④ 呈现幼儿发现问题、运用各种办法解决问题并获得成功的过程。

墙面、空中与地面布置

三、展示性评估

① 学期叙述性综合报告

② 结题活动

结题活动（一）

结题活动（二）

儿童发展水平报告（Child Development Report）

儿童姓名（Name of Child）：

年龄/年级（Age/Grade）：KC4

报告日期（Report Time）：2018年7月

幼儿园（Name of Kindergarten）：珠海市横琴中心幼儿园

学习态度领域	
领域发展评价 （Child Development Report in Different Subjects） 此领域包括主动性与做出计划、解决问题和回顾。 ①主动性与做出计划：随着项目课程的开展，华华已经熟悉了项目课程里面的计划部分，华华明白他所做的计划与接下来的工作时间或任务是有关联的，并制订了详细的计划。 ②解决问题：在上学期，华华遇到自己解决不了的问题会找老师帮忙。在本学期，华华会尝试用多种方法解决问题，如果问题实在解决不了，华华会尝试用另外的方式去实现自己的目的。最后实在不能解决问题的时候华华会向老师求助。 ③回顾：从小班开始，我们便习惯于在水果时间让幼儿互相进行工作的回顾。在本学期，华华已经可以在水果时间自主进行回顾，不需要老师的提醒，并在回顾的时候加入了更多的细节和自己的想法	下一步支持策略 （Education Plan for Next Term） ①主动性与做出计划：在学校，我们继续实行项目课程的计划方式；在家里，家长可以尝试让华华计划一日的行程，并与华华一起实现行程，让华华在计划和实施的过程中感受计划是否可行，并做出相应的调整。 ②解决问题：鼓励、肯定华华解决问题的方法与能力，在华华实在没有解决方法的时候给予适当的帮助，保持华华自主解决问题的积极性。 ③回顾：在家里，我们可以随时随地与华华进行回顾，回顾绘本、回顾一个人、回顾一件事，培养华华的回顾意识
社会与情感发展领域	
领域发展评价 （Child Development Report in Different Subjects） 此领域包括情绪管理与解决冲突、与成人、幼儿建立社交关系、集体生活 ①情绪管理与解决冲突：对于一个集体来说，冲突经常发生。当发生冲突的时候，华华会先用语言告诉对方，并告知对方自己的感受："我很生气，请你不要抢我的汽车。"当警告无用或身体受到伤害的时候，华华会选择告诉老师或者哭泣。 ②社交关系：在班上，华华与小朋友关系良好。当小朋友需要帮助的时候，华华会主动去帮忙，也会与小朋友一起分享新鲜事物；有时当有成年人（如园长妈妈）来问问题的时候，华华一开始会有一些害羞，然后小声回答园长妈妈的问题。 ③集体生活：在学期中后段，我们混班排练毕业典礼节目，华华能很好地适应排练环节，并能与其他班的小朋友友好相处	下一步支持策略 （Education Plan for Next Term） ①情绪管理与解决冲突：当华华遇到冲突的时候，成人可以先不要去包办解决，观察华华的解决方法，并在华华请求帮助的时候给予适当的帮助。接纳华华的情绪，帮助华华合理舒缓情绪。 ②社交关系与集体生活：继续带华华多参加集体活动，鼓励华华勇于表现自己，认识新朋友和新事物

起止日期（Start and End Time）：2018年2月—2018年7月

教师（Name of Teacher）：李嘉妍、岳绪俊

四、家长支持

（1）协助教师准备活动材料。

（2）帮助收集幼儿研究过程中所需要的一切资料。

（3）提供海洋书籍。

（4）提供关于海洋文化的资源。

（5）家委会联系参访事宜。

家长支持活动

案例五 ——数字

一、主题来源

数字是我们生活中不可缺少的元素。进入大班后，幼儿对数字有着浓厚的兴趣。在日常对话中，我们常常可以听到幼儿的"数字话题"："我今年5岁了。""我住在1002房。"在外出活动的时候，幼儿也会关注身边的数字："KB2班在楼下，我看到他们门口的牌子了。""楼梯上有很多的数字。"因此，在本学期，我们以数字为探究内容，与幼儿一起感受数字的奥秘，一起探索，一起AH-HA！

二、探究过程

（一）第一阶段

1. 追随幼儿兴趣

数字10在这里！

哇，数字泡泡出来了!

2. 教师结合幼儿的学习目标形成主题

形成项目探究的网络图（教师网络图、幼儿网络图），明确探究的方向和内容。

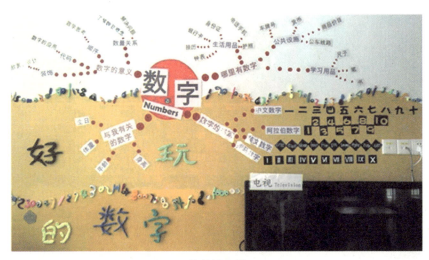

教师网络图

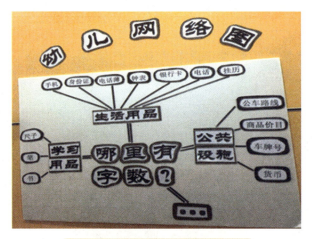

幼儿网络图

（1）明确教学主题，深入挖掘与主题相关的探究领域。

（2）根据教师的相关经验与知识，预设可供幼儿探索与发展的内容与活动。

（3）将教师对主题内容的想法及探索方向清晰地罗列出来，呈现出清晰的教学脉络。

（4）挖掘幼儿已有的相关经验与知识。

（5）将幼儿的想法和问题诉诸主题实践中，有利于幼儿理解生活中的数字。

（6）获得集合的概念。

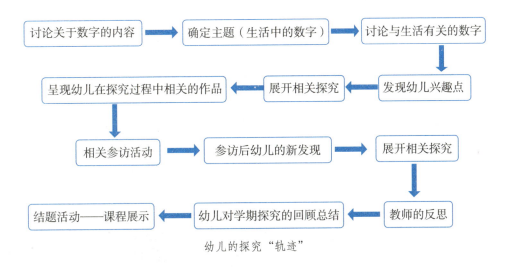

幼儿的探究"轨迹"

（二）第二阶段

1. 提出问题

幼儿了解到关于数字的知识，提出对数字的相关疑问：

（1）生活中哪里有数字？

（2）为什么数字有那么多种不一样的写法？

提出问题（一）

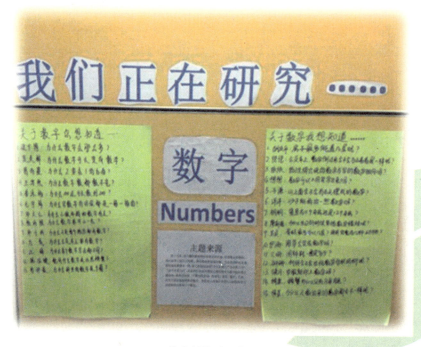

提出问题（二）

提出问题（三）

提出问题（四）

2. 解决问题

（1）查阅资料

解决问题秘笈：

① 阅读。

② 在海量信息里搜索有用的信息。

③ 了解科技以及科技对生活的影响。

查阅资料

乐在心 成于性 ——AH-HA探究之旅

（2）询问、参访

解决问题秘笈：

① 通过询问，练习听、说，学习在新的情境下使用新的特定的词汇。

② 展现自信，主动与人交流。

询问、参访

（3）实验想法

解决问题秘笈：

① 我们想做……；怎么做呢？可以……；那试试吧！

这样不行，那样也不行……；AH–HA！原来是这样！

② 不怕犯错，灵活多变，大胆试验自己的想法。

实验想法

（4）计划、实施、反思

解决问题秘笈：

① 出色地解决问题的能力；事先计划，事后反思。

② 做事有弹性、有创意。

计划、实施、反思（一）

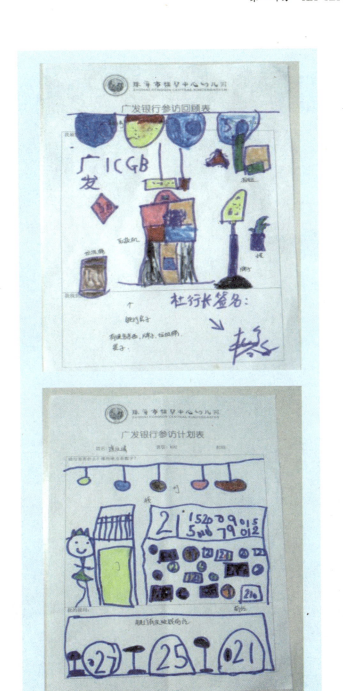

计划、实施、反思（二）

3.产生新问题，解决新问题

游戏币不够？我们也能做……

客人不知道商品多少钱？那我们来做一张价格表吧！

手机号码里有多少个数字呢？我们统计出来看看吧！

（三）第三阶段

1. 呈现所学（作品）

（1）呈现幼儿的计划表和回顾表。

（2）呈现幼儿的作品。

（3）呈现幼儿的问题。

（4）呈现幼儿发现问题、运用各种办法解决问题并获得成功的过程。

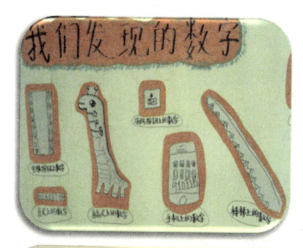

墙面、空中与地面布置

教师的后续工作：

（1）幼儿的每一次作品都认真地记录。

（2）随时用图文并茂的形式来描述幼儿学习的过程，可以帮助幼儿回顾自己的经验。

（3）在呈现幼儿作品时，如果能将幼儿的照片放在上面，一定是对幼儿最大的鼓励。

（4）把幼儿的作品当成艺术品来布展，让幼儿觉得大家非常欣赏他。

① 与我有关的数字包括身高、体重、出生日期、身份证号码。

"我的档案"展示

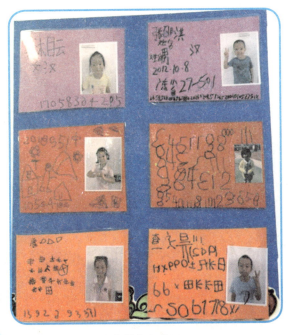

自制的身份证

"老师，你看看，这是我的出生日期"

② 自制时钟。

我们一起来研究时钟上的刻度，并学习认识它（一）

我们一起来研究时钟上的刻度，并学习认识它（二）

③ 我家的车牌号码。

我家的车牌号码

④ 制定商品价格。

在有趣的取钱、购物游戏中运用数字，感受数字在我们生活中的不可或缺。

"老板，这个蛋糕多少钱，我来买单"

⑤ 我的小小银行。

我的小小银行

⑥ 数字创想。

数字创想

2. 结题报告

整个级组在操场上摆放了数字相关游戏摊位，让幼儿活学活用，在玩乐中展示所学。

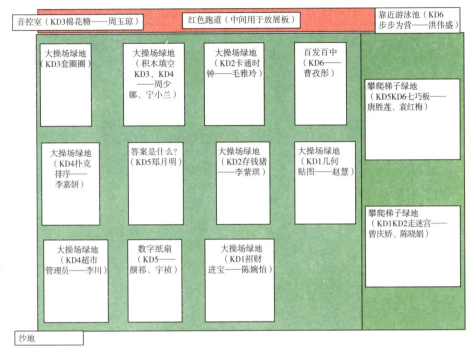

数字游戏摊位布置图

三、展示性评估

① 高潮活动——图书义卖会。

幼儿活动

图书义卖会

②结题活动。

结题活动（一）

结题活动（二）

四、家长支持

（1）丰富幼儿的探究材料：①协助教师准备活动材料，联系参访场地；②丰富幼儿经验。

（2）参与班级环境创设：①协助教师制定区域规划，提供材料支持；②丰富班级环境。

五、活动延续

在工作时间，幼儿在探索数字的过程中，提出问题："超市的物品都摆在哪里呢？"

回答一："不同的区域里呀。"

回答二："架子上、冰箱里……"

回答三："我们也可以尝试把看到的天虹超市做出来，怎么做呢？接下来就产生了第二个探究项目'超市'。"

1. 参访活动

天虹超市、华润万家、山姆会员店小小促销员。

小小促销员

2. 超市区域建构组

超市区域建构组

　　数字，存在于生活中的每一个角落，而我们所探索的，仅仅是浩瀚的数字世界里小小的一部分，结题并不代表着探索结束，更多神秘的知识在等待着家长和幼儿共同发现，共同探索，共同AH-HA！

案例六 ——我的毕业典礼

一、主题来源

突如其来的疫情，延长了我们的假期，缩短了我们的相聚，在这样的情况下，即将毕业的大班幼儿，想用他们独特的方式来和幼儿园说再见，也想拥有一场真正属于他们自己的毕业典礼，于是关于毕业典礼的探究活动就开始了。

二、项目准备

（一）唤起幼儿的共同经验

和幼儿一起观看去年参加的哥哥姐姐们的毕业典礼，大家一起讨论，分享自己的观点，唤起幼儿对于毕业典礼的共同经验。同时，借助网络，带领幼儿了解其他国家幼儿园的毕业典礼，丰富幼儿对于毕业典礼的相关经验。

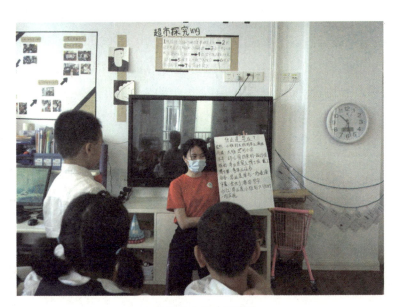

唤起幼儿的共同经验

（二）发掘幼儿相关知识

通过谈话活动——什么是毕业，了解幼儿关于毕业的理解认知，并呈现幼儿所了解的主题相关内容，教师梳理后形成幼儿的知识清单。

幼儿心中关于毕业的意义，总是那么可爱

（三）前期教师准备工作

在了解幼儿的兴趣和已有经验的基础之上，教师多次进行教研，讨论不同活动的目标，规划活动时间进程（表1），申购活动所需材料，大家分工合作，多项工作同步开展。例如，"扇子"活动（表2）。

表1　规划活动时间进程

概述	日期	星期一	星期二	星期三	星期四	星期五
项目活动	6.2—6.5		话题讨论"什么是毕业" 任务清单	毕业我们可以做些什么？	讨论毕业典礼的时间以及流程	
项目探究	6.8—6.12	上午：分享自己的照片 下午：自画像初稿	上午：自画像终稿 下午：书写名字	上午：完成名字墙幼儿部分 下午：设计主持人选拔评分表		上午：选拔典礼主持人

续　表

概述	日期	星期一	星期二	星期三	星期四	星期五
项目探究	6.15—6.19	上午：教师介绍书包发展史	上午：讨论并制作书包设计稿第二版	上午：制作礼物（扇画面）	上午：确定最终的书包设计稿	上午：制作礼物（扇画面）
		下午：书包设计稿第一版	下午：讨论送给朋友的礼物			
	6.22—6.26	上午：制作礼物（扇面画）	上午：讨论理想中的小学	上午：在画卷上呈现设计稿	上午：在画卷上呈现设计稿	上午：集体头像照
		下午：录制祝福视频	下午：录制视频/完成画卷			
	6.29—7.3	上午：欣赏不同类别的邀请函	上午：讨论并完善邀请函	上午：邀请函设定第二版	上午：作品讲解练习	
		下午：邀请函设计初稿		下午：讨论自己的展出作品		
项目高潮	7.6—7.10	典礼流程排练、节目排练、布置展览、讲解练习				
	7.13—7.21	毕业作品展+毕业典礼、反思总结				

表2　项目活动：扇子

做什么？ 你打算展出什么？ （包括最终作品、作品需要用到的材料）	如何讲？ 幼儿、教师 （包括幼儿的讲解框架、教师的导入、家长的问题清单、相关课程资源）	怎么做？ 需要哪些用品和材料？ （考虑在哪里展，以及框架、展台、墙面等需要用到的材料以及设计图+文字说明）
作品展示：至扇至美 材料：灯笼扇、各种尺寸的折扇、团扇、绢丝扇扇架、毛笔、墨水、马克笔、KT板、纱布、图片喷绘板	幼儿讲解： 1.我要把这个礼物送给谁？ 2.我画了些什么？ 3.为什么要画这些内容？ 教师导入： 小朋友们马上要毕业了，现在的朋友有可能和我们一起上小学，但也有可能就此分别了……	计划展示：童话剧场外面走廊 墙面：喷绘板、背景板 背景板

三、项目探究

（一）启动部分

幼儿想要在毕业的时候唱歌跳舞，想要送给好朋友礼物，想要做各种各样的作品，想要举办一个作品展，还想要举办一个Party。教师统计这些愿望，并由幼儿投票决定最终的典礼形式和内容。

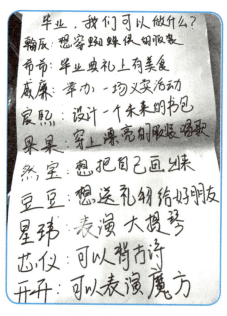

谈话活动——关于毕业典礼，我想做什么？

（二）探究部分

根据幼儿的愿望清单，我们将毕业典礼探究的整个过程分为两个部分：第一部分为毕业作品展，幼儿在按照清单准备作品的过程中也会生成新的想法，并进行创作；第二部分为典礼现场，幼儿选择了喜欢的节目进行表演。这两个部分同时进行，在这里将着重介绍作品展的探究过程。

1. 第一轮探究：我的自画像

幼儿马上就要毕业进入小学了，每个幼儿在这三年的幼儿园时光里都发生了很大的变化，于是教师想制作一个从小班入园第一天到现在的影片集。在播放的过程中，幼儿都很激动，大家开始讨论小时候的自己和现在的自己，于是幼儿提议将这种变化画出来，进行分享。

（1）过程

① 给幼儿播放从入园到现在的照片，帮助幼儿回忆从小班到现在的生活。

② 描述自己的变化、朋友的变化，回家和家长一起翻看照片，回忆照片中发生的故事。

③ 通过观察，画出第一稿自画像，并进行描述；幼儿之间进行讨论，提出修改意见。

④ 在此基础上，制作第二稿自画像，并利用不同的材料进行装饰，完成作品。

（2）呈现

呈现活动（一）

（3）梳理

幼儿能够表现及描述出自己的成长变化，并且尝试着去解释发生这些变化的原因。在画自画像的过程中，幼儿想到自己马上就要去一个新的环境了，小朋友们

119

要去交新的朋友，那在认识别人的时候，该如何介绍自己的名字呢？

2. 第二轮探究：名字墙

追随幼儿的问题，继续延伸：我为什么是这个名字？爸爸妈妈给我起的名字有什么特殊的意义吗？追随着幼儿这一连串的问题，就产生了"名字墙"这个活动。幼儿通过向别人介绍名字这一契机，了解自己名字的含义及书写。

（1）过程

① 利用绘本《妈妈不知道我的名字》引出名字对于我们的意义的讨论。

② 询问爸爸妈妈关于自己名字的由来及意义，与教师和其他幼儿分享。

③ 通过艺术作品欣赏，认识不同的字体。

④ 选择一种字体写出自己的名字。

⑤ 设计自己名字的讲解方式，如利用谐音、象形等。

（2）呈现

呈现活动（二）

（3）梳理

幼儿通过询问爸爸妈妈了解了自己名字的含义，利用独特的方式向他人介绍自己的名字，然后认识了不同的字体，每个幼儿选择自己喜欢的字体写出名字，对自己的名字有了更深刻的理解。

3. 第三轮探究：未来书包

根据幼儿的愿望清单，同时营造小学的环境，教室里投放了几种不同款式、不同功能的书包，有用竹子编的大书包，有用布做的小书包，还有能打开当桌子的书包。幼儿在研究这些书包的同时也在表达自己想要什么样的书包。说到这些新鲜事物时幼儿总是兴致盎然，会想到让妈妈给自己买爱莎书包，有的想要带轮子的书包，关于书包的大讨论就开始了。突然有幼儿建议说："我们可以设计自己想要的书包啊！"

（1）过程

① 组织幼儿讨论教室里投放的书包，然后由教师借助课件讲解不同书包的名称及制作材料。

② 对不同款式的书包进行试背活动，分享不同的体验感受。

③ 幼儿先描述自己想象中的书包，然后进行初稿设计，并在小组内分享。

④ 进行设计稿的第二次修改后，小组内分工合作，制作书包。

（2）呈现

呈现活动（三）

（3）梳理

在探究的过程中，幼儿了解了书包的发展历程，并体会到书包功能、形式的变化与人的需求之间的关系，表达自己对于书包的需求，以及对未来书包的创想，然后小组进行合作、设计、制作未来书包。

4. 第四轮探究：我心目中的小学

在愿望清单里，幼儿提出想要设计自己喜欢的小学，在讨论中说到希望即将进入的小学有攀爬架，或者有大大的足球场，如果可能的话还要有魔法教室。幼儿各种各样的想法涌现出来，于是大家就决定来画一画自己心目中的小学。

（1）过程

① 借由"云学园"课程中关于小学的介绍这一节课，引起幼儿对小学的讨论，分享自己所了解的小学。

② 幼儿描述自己心目中的小学及包括哪些重要部分。

③ 幼儿呈现自己的设计初稿，小组内进行分享讨论，提出修改意见。

④ 制作终稿。采用拓印的形式呈现时，需要在吹塑板上用铅笔画出图案，再进行呈现。

（2）呈现

呈现活动（四）

（3）梳理

在探究的过程中，幼儿了解了小学与幼儿园在建筑物方面的不同构成，在与同伴的分享中描述了自己心目中的小学，并解释这样设计的原因，并通过绘画、拓印等不同的形式呈现自己设计的小学，由此，幼儿对小学这个场所有了初步的了解。

5. 第五轮探究：送给朋友的礼物

成长纪念册对于毕业季来说是必不可少的，在幼儿园也是这样。这周，我们开始组织幼儿填写属于他们的第一份成长纪念册，向他们介绍这本册子的意义、里边包含什么以及如何填写。幼儿想到要告别现在的伙伴，而且以后可能不会再上同一所小学，都很舍不得，大家都在想办法不让朋友忘记自己，有的说送礼物，有的建议写一封信，还有的说画一幅画。幼儿根据自己的想法开始制作送给朋友的告别礼物。

（1）过程

① 通过同学录的填写活动，引出话题——送给朋友的毕业礼物。

② 分享自己关于毕业礼物的想法。

③ 在晨诵时间，教师和幼儿一起欣赏表达友谊之情的诗句，理解其含义。

④ 幼儿在扇面上进行创作，写诗附图，并邀请园长妈妈前来指导。

（2）呈现

呈现活动（五）

（3）梳理

通过给好朋友准备毕业礼物，让幼儿充分且有意义地表达自己对于朋友的不舍之情；通过学习古诗词中关于离别和祝福的诗句，幼儿了解了人们表达离别之情的不同方式，在毕业纪念册上留下了难忘的回忆和深深的祝福。

6.第六轮探究：集体头像照

幼儿在写自己的成长纪念册时都会思考这样一个问题：自己的理想是什么？有的说想当科学家，有的说想当医生，还有的说想当保安、厨师、宇航员等，幼儿纷纷表达着自己的理想，由此幼儿就借着这个机会，把自己未来想要做的职业画下来，再贴上自己的照片。

（1）过程

① 谈话活动——你的理想是什么？

② 了解自己爸爸妈妈或爷爷奶奶的职业，并询问他们的日常工作内容。

③ 幼儿运用自己了解的职业特征来进行创作，如厨师会穿着白色的衣服，手里拿着勺子。

（2）呈现

呈现活动（六）

（3）梳理

通过对幼儿园里、家庭中的职业大调查，幼儿了解了不同的职业及其工作内容，寻找能够表明某个职业的典型特征，并据此进行创作，来表达自己对于未来职业的畅想。

7. 第七轮探究：邀请函

毕业典礼即将来临，幼儿都想邀请自己的爸爸妈妈前来参加，那该如何做呢？幼儿就想到了我们之前做过的邀请函，通过邀请函这样一种正式而有仪式感的方式，告诉爸爸妈妈毕业典礼的具体事宜。

（1）过程

① 给幼儿展示不同类型的邀请函，幼儿观察并讨论这些邀请函的共同之处，并进行总结。

② 思考、分享自己想要邀请的对象是谁，并解释原因。

③ 根据我们的作品展和毕业礼，进行第一次的邀请函设计。

④ 小组内进行讨论，互相评价提出意见，进行第二次的邀请函设计。

⑤ 呈现最终版本的邀请函。

（2）呈现

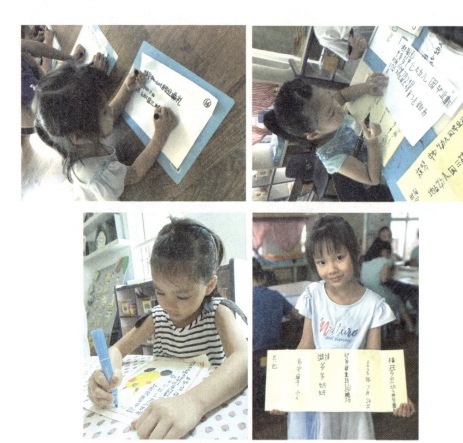

呈现活动（七）

（3）梳理

在邀请函的设计中，幼儿不仅了解了邀请函的基本内容，即包括时间、地点等基本信息，还考虑到它的美观，因此，幼儿尝试用不同的材料来呈现，努力设计一份简洁、全面，适合被邀请对象的邀请函。

四、高潮——我的毕业典礼

毕业典礼的主题为"爱·礼别 梦·启航"，共分为两个篇章：第一篇章是幼儿的作品展，由幼儿向来宾介绍自己的作品；第二篇章是毕业礼，幼儿和来宾一起见证毕业的重要时刻。

（一）学习成果展

1. 区域简介

毕业典礼的作品展共分为七个区域，分别是金榜题"名"、超越自我、"包"罗万象、理想小学、"扇"解人意、放飞梦想、"函"情脉脉。

（1）金榜题"名"

幼儿即将要上小学了，在毕业之际，他们需要在毕业纪念册里给好朋友留下自己的名字与电话，方便以后常联系。同时，上小学之后，幼儿需要给自己的课本、物件写上名字，以防丢失。幼儿在绘画自己的名字时，有了疑问："为什么我的好朋友要叫这个名字呢？""我的名字有什么意义吗？""我能不能改其他的名字呢？"于是关于名字的探究活动，就应运而生。

通过绘画自己的名字，以及跟父母了解名字的由来以后，幼儿明白了自己的名字是具有特殊意义的，他们的名字里面蕴含着爸爸妈妈对他们的期待。父母都愿自己的孩子，能够活成他们想要的样子，向着美好的未来前进。

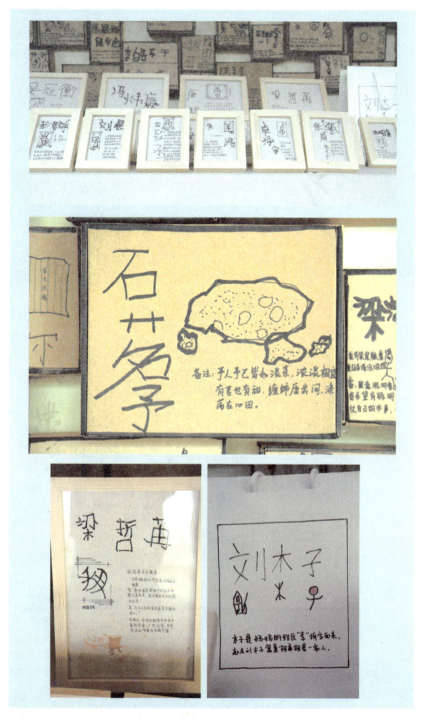

金榜题"名"作品展

（2）超越自我

三年的幼儿园生活即将落下帷幕，在这三年里，幼儿有了许许多多的改变。他们翻看了自己以前的照片，他们在一起互相分享着过往的经历，感叹自己从前原来是长那样子的。幼儿在分享中提出了一些疑问："现在我已经长大了，准备读小学了，我现在的样子是长什么样的呢？""我跟以前对比，发生了什么变化呢？""我长得像爸爸还是像妈妈呢？"……幼儿在探讨中对自己的样子又有了新的想法。为此，我们开展了关于"我的样子"的探究活动，以自画像的方式来呈现不一样的自己。

幼儿通过和父母共同回忆过去，与教师和同伴分享小时候，利用照镜子或拍照片的形式，来了解自我。幼儿制作目前的自己的自画像，从而与以前照片里的自己形成鲜明的对比，再一次加深对自我的认识。幼儿对五官的描绘和对颜色的运用，都体现了他们内心不一样的想法。这个过程可以很好地让幼儿知道自己就是独一无二的个体，也能让他们感受到成长所带来的变化和喜悦之情。我们不妨也来认真地欣赏一下吧！

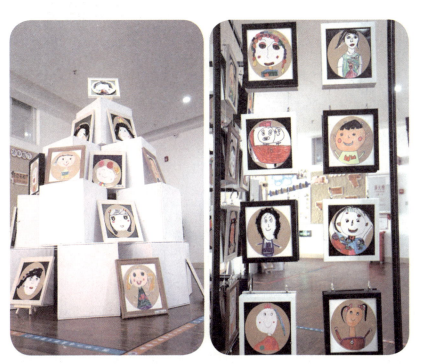

自画像

自画像

（3）"包"罗万象

幼儿即将踏入小学，他们开始准备自己上小学需要用到的东西。书包是学生上学必不可少的物品，它可以把我们需要带到学校的东西装进它的"肚子"里。有的幼儿看到自己的书包后发出疑问："以前的人也有书包吗？长什么样子？""以后的书包会是怎样的呀？"……幼儿的疑问引出了书包这个话题。首先，我们一起了解了以前的书包。原来很早以前的书包不叫书包，而是叫作"箧和笈"。20世纪七八十年代流行的书包称为"黄书包"……慢慢地，书包的款式越来越多，直到今天，书包的款式还在不断地创新。未来的书包会长成什么样呢？我们谁也说不准。最终，幼儿将兴趣点从了解以前和现在的书包延伸到了制作未来的书包。

　　随着时代的发展，书包逐渐变得越来越多元。以前的书包是为了解放双手、收纳书本和文具，现在有的书包不仅能做到收纳，还能减轻重量，从而减轻学生的负担。幼儿在和同伴一起设计未来的书包的同时，也将自己对未来的美好憧憬融合在内，而幼儿在设计书包时的大胆想象，不正是创造未来所需要的基本品质吗？未来的一切皆有可能，未来也是属于敢于去创造未来的他们。

未来书包作品

（4）理想小学

时光匆匆、岁月如梭，幼儿马上就要毕业了，即将步入小学的他们，对于小学有着无限畅想和向往，经常会向教师提出这样一些问题：

"老师，小学有沙池吗？"

"小学是像城堡一样大吗？"

"小学的教室里会有很多玩具吗？"

"上小学之后，我们要上哪些课？"

"小学上课的时间有多长？"

……

幼儿就这一话题开展了激烈的讨论，于是我们就根据幼儿的兴趣，开启了"我想象中的小学"探究活动。

对于幼儿来说，小学是神秘的，是一个陌生却富有诱惑力的地方。通过一系列的探究活动，幼儿已经将自己对小学的想象和期待融入他们的作品，他们在分享自己想法的同时，也和同伴们一起畅想着未来小学的日子……愿他们都能迈着自信、从容的步伐踏进理想的小学大门，播种希望，放飞梦想。

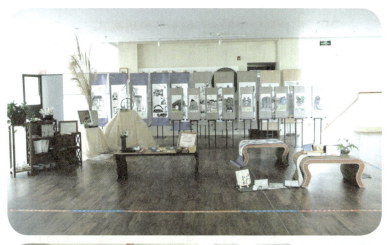

"我想象中的小学"作品

（5）"扇"解人意

毕业意味着成长，同样意味着离别。幼儿会问："毕业了会怎么样？毕业了大家都去哪？毕业了还能见到现在的朋友吗？毕业我们还会上一样的小学吗？如果上不一样的小学是不是就不能再见面了？"幼儿在讨论过程中渐渐意识到毕业就会面临分离，可能再也见不到小伙伴和老师，他们有话想对彼此说，也想制作一份礼物送给好朋友当作纪念，犹如古代的诗人那般，用送别诗来表达对好朋友的不舍之情。

乐在心 成于性——AH-HA探究之旅

凤凰花开，又来到分别的路口。在幼儿园三年的学习和磨砺，从"我不行"到"我可以"，孩子们都成长了。这一路上有教师的谆谆教导，有爸爸妈妈的细心呵护，更有同伴的陪伴游戏。马上就要毕业了，幼儿还有很多话想对小伙伴说。李白写的《赠汪伦》里，一句"桃花潭水深千尺，不及汪伦送我情"描绘出两人之间深厚的友谊。幼儿也用自己学过的古诗词，把想对小伙伴说的话在扇子上画下来，传达美好的祝愿，赠予同伴一夏清凉。

"扇"解人意作品

（6）放飞梦想

"什么是毕业？"

"毕业就是长大啦！"

"噢，毕业就是长大啦！那长大之后你想做什么呢？"

"我想当警察！""我想当宇航员！""我想当医生！""我想当消防员！""我想当老师！"孩子们都有着不同的梦想，各班教师根据幼儿的兴趣，在全班幼儿的共同投票下选定了集体头像照的主题。集体头像照的创作应运而生。幼儿在毕业之际搭建梦想起飞的平台，发挥着无限的想象力，他们在对未来充满着期望和想象的情况下，开启了集体头像照的探究活动。

幼儿园的三年时光匆匆流逝，许多不舍与依恋仿若在这一瞬间被带走，留下幼儿一串串快乐的成长脚印。关于成长、关于梦想幼儿都有各自的遐想。幼儿在探究活动中畅想未来，想象着梦想的模样，制作属于自己的梦想时刻，创造属于各自的美好回忆。

集体头像照作品

（7）"函"情脉脉

毕业季，幼儿参与了一系列毕业活动，同时他们也观看了历年来的毕业典礼，对属于自己的毕业典礼，他们有各种各样的想法。有幼儿说："毕业典礼上我们要表演好看的节目，我想要我的爸爸妈妈都来看我。"其他幼儿说："老师，我做的毕业作品，可不可以让爸爸妈妈来看看？""老师，马上就要举行毕业典礼了，我们的爸爸妈妈忘记了怎么办？""老师，我们怎么样才可以把这些好玩的活动介绍给其他人看到呢？"就在此时，有个幼儿突然说道："以前我开生日Party的时候，我会写邀请函请我的好朋友来，那我们也可以写邀请函让爸爸妈妈来参加我们的毕业典礼。"幼儿的灵光一现，便诞生了关于邀请函的探究活动。

我们带着幼儿一起了解从请柬到邀请函的历史演变过程。原来请柬属于书信的一种，上面一般有被邀请者、时间、地点、事由等信息，不仅装帧美观而且精致典雅。请柬承载和记录了一段历史。现在的人们，会使用邀请函来将重要的信息传递给重要的人。邀请函更加正式，传递的信息也更加全面。知道了邀请函的基本格式和基础的表达方式，也希望通过自己的方式将关于毕业典礼精彩纷呈的活动信息传递出去，让最爱的人跟他们一起见证人生中最重要的时刻，分享快乐！

"函"情脉脉作品

2. 幼儿讲解

（1）幼儿讲解——金榜题"名"。

园长妈妈晚上好！欢迎来欣赏我的作品——名字墙。我的名字的寓意是：予人予己皆如饮茶，浓淡相宜，有苦也有甜，缠绵唇齿间，涤荡在心田。我还有个英文名，叫作Alexander，是爸爸第一次看到B超里的我，耳边就听到了这个名字，这是亚历山大大帝的名字，他是著名的军事家和政治家。谢谢您聆听我的名字分享。

幼儿讲解（一）

（2）幼儿讲解——放飞梦想。

大家晚上好！我是圆圆，这是我们班的集体头像照。

乐乐：我们的主题是游乐场，我们班很多小朋友的梦想是去游乐场玩。

豆豆：做了很多游乐场的玩具，还画了摩天轮、热气球、飞机等。

恺恺：这是我们班的小朋友和老师一起制作的，里面有我们的梦想。

淘淘：我们马上就要毕业了，希望这个作品能让我们留下美好的回忆。

合：祝我们班的小朋友都能梦想成真。谢谢！

幼儿讲解（二）

（3）幼儿讲解——超越自我。

晚上好，我是杰杰。（拿着小时候的照片）这是我小时候的样子，小时候我的头发很短，那时候还是坐在小推车里的。现在我已经长大了，这是我的自画像。现在我的头发长长了，现在我不需要坐小推车了，而且变得很帅哦！你们看，这是我用正方体积木拼的身体用毛线做的头发。谢谢阿姨。

幼儿讲解（三）

（4）幼儿讲解——"包"罗万象。

幼儿合：大家晚上好，这是我们KD4班小朋友一起合作制成的书包，它的名字叫"超级书包"。

幼儿：这个书包的外形像一枚火箭，它是银色的。

幼儿：我们用纸筒、纸箱、布做成的书包，它有喷射装置，可以自动送我们到学校。

幼儿：另外，它能够发亮，即使在夜晚走路也能让司机看到我们。

幼儿：还有我们书包有定位功能，能识别我们的位置，不怕走丢。

幼儿：首先我们每位小朋友都设计了一个自己的书包，然后进行投票，最后我们选取了票数最多的黄一然小朋友的书包设计稿。

幼儿：接着我们又对然然的书包设计稿进行改进，给它取了一个超级好听的名字——超级书包。

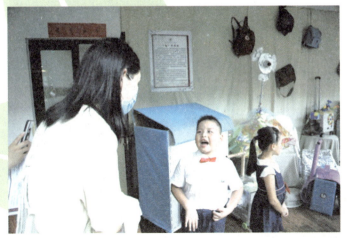

幼儿讲解（四）

（5）幼儿讲解——"扇"解人意。

叔叔、阿姨，晚上好，我是可可，今天就要毕业了，我很舍不得陪我一起玩的好朋友。我想送一些礼物给她，这是我画的扇子，扇子上画的是梅花，我记得我们学过有关梅花的诗句："墙角数枝梅，凌寒独自开，遥知不是雪，唯有暗香来。"梅花能不畏寒冷的冬天，我觉得很坚强，希望我的朋友也能够很坚强，谢谢！

幼儿讲解（五）

（6）幼儿讲解——"函"情脉脉。

亲爱的叔叔、阿姨，大家晚上好！欢迎大家来到我们"爱·礼别 梦·启航"第五届毕业典礼活动现场。为了举办这次毕业典礼，我们参加了很多有趣且有意义的活动。为了让这么多有趣丰富的活动让更多人知道，我们设计制作了邀请函，将这些信息告诉大家。看，邀请函上面有活动的对象、内容、时间以及地点。这是我设计的邀请函，我在我的邀请函上画了一点装饰，让我的邀请函更加好看，我还画了一只小兔子，非常可爱吧，谢谢大家。

幼儿讲解（六）

（7）幼儿讲解——理想小学。

晚上好！我是KD7班的涵涵。我们这个展区的作品，是以"我想象中的小学"为主题来进行创作的。而我想象中的小学，是这样子的。我最喜欢小学的课室，我希望它有很多扇窗户，还有我希望上小学的时候可以做自己喜欢的事情，认识更多的朋友。我的作品是用水墨画的形式呈现的，我先用铅笔在画卷上做设计稿，接着老师教我用墨水和颜料来上色，最后再印在画卷上。以上就是我对作品的解说与分享，谢谢你们的聆听。

幼儿讲解（七）

3. 互动卡片

幼儿AH-HA课程成果汇报展互动小卡片

亲爱的家长朋友，在幼儿学习的过程中，我们非常重视家长的参与，您的每一次参与都是对幼儿成长的助力。由于幼儿一直处于学习的过程中，为了更好地促进幼儿的学习与发展，我们为本次课程成果汇报展准备了相应的课程题库，您可以在倾听幼儿解说后提出相应的问题与幼儿交流。

在金榜题"名"（名字墙展区），您可以这样问：

"你的名字是谁取的？"

"你知道你名字的寓意吗？"

"你知道爸爸妈妈的名字吗？他们的名字是什么？"

在超越自我（自画像展区），您可以这样问：

"小时候的你和现在的你有什么不一样？"

"你能分享一个你小时候的趣事吗？"

在"包"罗万象（未来书包展区），您可以这样问：

"你和谁一起设计、制作的书包？"

"你最喜欢你设计的书包的哪个部分？为什么？"

在理想小学（卷轴展区），您可以这样问：

"马上要上小学了，你知道小学和幼儿园有什么不同的地方吗？"

"你知道你将要在哪里上小学吗？"

在"扇"解人意（扇子展区），您可以这样提问：

"你的好朋友是谁？"

"你的扇子上画的是什么？"

"马上就要毕业了，你最想对你的朋友说什么？"

在放飞梦想（职业展区），您可以这样提问：

"我们班设计的梦想主题是什么？"

"哪个是你？"

"你的梦想是什么？"

在"函"情脉脉（毕业邀请函展区），您可以这样提问：

"邀请函的作用是什么？"

"'爱·礼别　梦·启航'毕业典礼的流程是怎样的？"

"今天谁来参加你的毕业典礼？"

在参访过程中，您可以这样鼓励幼儿：

"你说得真好！""我很喜欢你的讲解。""你的讲解很精彩，表述很清楚。""你的声音很洪亮。""你讲解得非常熟练，相信一定是你平时很努力地练习。"……

幼儿的"每一次"都是学习的过程，如若幼儿不能很好地回答问题，您可以这样说：

"没有关系，我只是好奇而已，你可以下次再告诉我。"

（二）典礼活动

1. 场景布置

一楼大厅入口

一楼大厅主题墙

毕业生手掌印

梦想阶梯

三楼签到处

典礼现场

2.典礼流程

迎宾，签到

师幼共同主持毕业礼

羊老师倾情演唱歌曲《凤凰花开的路口》开启我们的毕业典礼

园长妈妈毕业祝福

幼儿领取毕业证书

家长代表和幼儿分享这三年在幼儿园成长的感受

幼儿齐唱毕业歌

感恩爸爸妈妈，谢谢您

集体合影留念

五、活动延续

幼儿的作品（一）

幼儿的作品（二）

大型活动结束后，资料的规整和资源的再利用也是课程的重要部分。一方面，活动涉及的资料是教师们智慧的结晶，见证着教师的专业发展和幼儿的成长足迹；另一方面，相关资源也能够成为其他主题探究的课程资源。在毕业典礼结束后，我们将幼儿的作品重新规划，投放在幼儿园的区角中，作为环境资源服务于主题探究。